AUX

HABITANTS DES VILLES ET DES CAMPAGNES.

RÉFLEXIONS

SUR LES

RÉFORMES SOCIALES

PAR

LE CITOYEN J.-V. BELLARD,

Ouvrier menuisier-modeleur, à Crépy-en-Valois (Oise).

« Toute république qui ne réalise pas l'amélioration du sort physique, moral et intellec-
tuel de la classe la plus nombreuse et la plus
utile, n'est pas une république. »

PRIX : 15 CENTIMES.

Se vend :

CHEZ L'AUTEUR, A CRÉPY,

ET CHEZ TOUS LES LIBRAIRES DU DÉPARTEMENT.

1849

INTRODUCTION.

Habitants de l'Oise,

Travailleurs et producteurs, boutiquiers et commerçants, c'est à vous spécialement que j'adresse ces quelques pages. Ce n'est pas une œuvre littéraire, c'est un exposé de mes principes. Je vous parlerai franchement : je ne sais pas faire de beaux discours ; il faut laisser les fleurs de rhétorique aux républicains du bout des lèvres, c'est-à-dire aux royalistes, qui ne cherchent qu'à vous induire en erreur par leurs belles phrases. Ces gens-là sont opiniâtres et n'ont que des arrières-pensées. Ce sont eux qui sont la cause de nos révolutions et de nos misères, en s'opposant aux réformes sociales dont nous avons tant besoin. Un vrai républicain doit vous parler suivant l'impulsion de son cœur : c'est ce que je ferai toujours. Les treize mille huit cent quarante suffrages que j'ai obtenus aux 13 et 14 mai, m'ont prouvé que vous aviez confiance dans le travail et dans la probité : tous mes efforts tendront à mériter vos sympathies et l'honneur que vous m'avez fait, en travaillant autant qu'il est en moi au triomphe de la démocratie.

J.-V. BELLARD.

HABITANTS DES VILLES ET DES CAMPAGNES

Citoyens et amis,

Il ne manque pas de pauvres et timides esprits, qui s'imaginent que l'amélioration du sort des travailleurs ne peut s'obtenir que par des dons faits par les plus riches aux plus pauvres. Il faut les rassurer.

Riches, gardez votre or, et faites-le fructifier dans de bonnes entreprises industrielles ou agricoles : c'est tout ce que nous vous demandons. Mais, pour améliorer le sort des ouvriers, ce qu'il faut surtout, ce sont des institutions sociales nouvelles, inspirées par des intelligences saines, par des cœurs généreux.

Où sont ces intelligences, où sont ces grands cœurs ?

Ils sont dans le peuple.

C'est pour vous sauver de révolutions nouvelles, pauvres riches qui nous méconnaissez, que nous voulons des réformes possibles et sans commotion, qui doivent assurer l'existence de l'ouvrier en travaillant. Vivre en travaillant, voilà ce que nous voulons, entendez-vous ?

Voyez les monarchiens de toutes les nuances ; ils vous diront qu'ils veulent l'ordre, qu'ils sont les amis de l'ordre, de la religion, de la famille et de la propriété. L'ordre que vous voulez dans la rue, n'est-ce pas un ordre factice, lorsqu'il est maintenu par des baïonnettes ? nous n'en voulons pas de cet ordre-là. L'ordre que Nous voulons, c'est l'ordre moral qui protège tous les citoyens ; en un mot, nous voulons l'ordre réel, qui vivifie, et non l'ordre qui tue. Vous voulez le respect à la religion, et vous oubliez les paroles du Christ, lui qui a béni les pauvres. Si vous observiez ses maximes, les pauvres seraient moins à plaindre. Vous connaissez ses paroles : « que le plus élevé d'entre vous soit le serviteur des autres ; » « fais à autrui ce que tu voudrais que l'on te fît ; » « aimez-vous les uns les autres ; » « liberté, égalité, fraternité, » voilà les paroles de l'Evangile.

Les royalistes, en ce moment, font tout ce qu'ils peuvent pour jeter le trouble dans le peuple, en publiant toutes sortes de petites brochures anti-socialistes. Ces publications émanent du comité de la rue de Poitiers ; nous les avons lues et relues, et nous n'y voyons que calomnies et mensonges, qu'ils débitent contre les vrais républicains, en dénaturant leurs intentions. S'il fallait réfuter toutes les insinuations malveillantes de nos adversaires les royalistes, un gros volume ne suffirait pas ; mais le bons sens, nous l'espérons, flétrira leurs perfidies plus que nos réfutations. « Il n'y a qu'une âme atroce qui se serve avec réflexion du stylet meurtrier de la calomnie (PASCAL). » Franklin devenu, de simple ouvrier imprimeur, un grand homme d'Etat et un grand philosophe, disait à ses concitoyens : « Si quelqu'un vous dit que « vous pouvez vous enrichir autrement que par le travail, ne l'é- « coutez pas : c'est un empoisonneur. » Nous pensons comme ce grand citoyen. Ce que nous voulons, c'est l'existence par le travail ; nous voulons, en un mot, l'organisation du travail et du crédit.

La société ne peut pas nier le droit de vivre à aucun de ses membres ; par conséquent, nous devrions obtenir le droit au travail. Les honorables MM. Thiers, de Falloux et compagnie, préfèrent le droit à l'assistance. Ce n'est pas synonyme, il s'en faut : « Des secours sont payés bien cher, lorsque celui qui les « reçoit est un homme de cœur, et qu'il les mendie pour lui et sa « famille. Les riches accompagnent la miséricorde de tant de du- « reté vis-à-vis des malheureux, qu'un refus serait moins acca- « blant pour eux qu'une charité aussi sèche et aussi cruelle. « Riches ! quelles que soient vos richesses, souvenez-vous que « vous frustrez les vues de la Providence, si vous n'en faites pas « usage pour le bien de l'humanité. »

Nous le répétons : nous voulons le droit de vivre en travaillant ; le droit au travail, c'est le droit à la liberté ; pas de liberté, pas de souveraineté sans le droit au travail. Vous nous direz : « Vous avez le vote universel, vous êtes souverain. » Beau souverain, vraiment, que celui qui se tord sous la faim. Le droit au travail, c'est le droit à la propriété ; et la propriété, loin de la détruire, nous voulons lui donner de larges bases, et la fortifier en la rendant accessible à tous, en y intéressant tous les citoyens.

Les royalistes ne veulent pas du droit au travail dans la Constitution, parce qu'ils redoutent l'application de ce droit. Nous allons les rassurer autant que possible : nous ne sommes pas partisans des droits absolus.

Nous indiquerons deux moyens d'application, l'un pour le commerçant, pour le cultivateur ou chef d'établissement, enfin pour celui qui possède plus ou moins ; et l'autre pour l'ouvrier prolétaire.

Le droit au travail, pour ceux qui possèdent, le voici : c'est la création d'une banque nationale ayant des succursales dans chaque chef-lieu de canton, et prêtant sur garantie, seul moyen de nous débarrasser de ces tyrans d'usuriers qui s'engraissent de nos sueurs ; la banque, entre les mains de l'Etat, offrirait au moins autant de garantie que la banque actuelle, qui ne répond qu'imparfaitement aux besoins de la société.

Nous allons indiquer les moyens qu'on devrait employer pour garantir l'existence du prolétaire en travaillant, et des travailleurs invalides à qui on interdit le haut privilège de mendier, sans leur assurer d'autres moyens d'existence. Aussi nous ne sommes pas étonné de voir partout, dans le département, des mendiants comme par le passé.

Le droit de vivre, le droit au travail pour les ouvriers prolétaires, le voici à titre de proposition : c'est de fonder une caisse de prévoyance dans chaque chef-lieu de canton, qui serait alimentée par un impôt particulier que les conseils municipaux seraient autorisés à frapper sur le superflu. Nous allons poser des chiffres qui pourraient varier suivant les besoins de chaque canton. Il y a toujours des travaux d'utilité publique à exécuter ; ce ne sont pas les travaux qui manquent, mais bien les fonds. Nous supposons que celui qui a mille francs de rente a bien peu de superflu ; alors il pourrait contribuer pour dix francs par année, et celui qui possède cent mille francs de rente contribuer pour six mille francs. Ce serait progressif. Par ce moyen, vous pourriez occuper tous les bras sans difficulté, tous les travailleurs qui se trouveraient sans ouvrage, bien entendu. Vous pourriez anéantir la mendicité complètement, en donnant des moyens d'existence aux invalides, en les secourant à domicile, ou en fondant un hôtel des invalides dans chaque département. Il faut que le travail soit honoré, que les vétérans du travail soient aussi bien considérés que les vétérans de l'armée.

> S'il faut des bras pour servir la patrie,
> Il faut des bras aussi pour la nourrir.

Citoyens, nous allons vous donner un aperçu des objections de nos adversaires les royalistes. Ils nous ont dit : mais si nous avions inscrit le droit au travail dans la Constitution, les ouvriers d'art seraient venus nous assiéger dans le cas où ils auraient manqué d'ouvrage, les maçons nous demanderont des bâtiments à construire, les serruriers de la serrurerie, les médecins des malades à soigner, et les épileuses des cheveux à arracher, etc. Voilà, mes frères, leurs misérables arguments. Le droit au travail, comme l'entendent les réactionnaires royalistes, serait une utopie, une chose impraticable ; nous, ce que nous voulons, c'est le nécessaire et le possible, rien de plus.

Sachez, aristocrates, que la majeure partie des ouvriers menuisiers, mécaniciens, maçons ou chapentiers, préférera toujours un salaire gagné à casser des pierres ou à terrasser, à une aumône obtenue dans l'inaction. « Vous comprendrez, peut-être, comment « l'aumône ne remplace pas le salaire, si toutefois sous vos habits de « draps fin il y a encore autant de noblesse d'âme qu'il s'en ren- « contre souvent sous la blouse du travailleur ; j'ajouterai que « quand le prolétaire est assez noble pour comprendre que si « l'aumône élève celui qui la fait, elle avilit celui que la reçoit; « il s'insurgerait avec raison contre la société où il n'aurait pas le « droit de vivre, parce qu'il n'en aurait pas les moyens, et il ins-

« crirait sur son drapeau, d'après les règles de la logique la plus
« irréfutable :
      « *Vivre en travaillant ou mourir en combattant.*
    « Droit au travail.... Droit de vivre en travaillant.... L'homme
« a droit au travail... L'homme a droit de vivre en travaillant....
« Je répète, parce que qu'énoncer ces choses, c'est, ce me semble,
« les prouver. L'homme a droit de vivre, entendez-vous bien.
« Messieurs les bourgeois, propriétaires et rentiers; l'homme a
« droit de vivre. Mais comme chacun n'a pas des rentes et des
« revenus, j'ajoute : en travaillant, en gagnant sa vie par son
« industrie, et ses efforts, c'est-à-dire, par son travail. »
    Les riches disent : Nous voulons le respect à la famille.
    Puisque vous êtes si partisans de la famille, pourquoi ne pas
assurer l'existence des travailleurs par des institutions sages et
prévoyantes, à seule fin que la fille du pauvre ouvrier honnête ne
se donne plus à vous pour se sauver de la misère. La misère fait
faire bien de mauvaises choses. *Ventre affamé n'a pas d'oreilles.*
Vous parlez de famille. N'avons-nous pas nos pères et mères, nos
frères et sœurs; il y a plus d'accord au foyer domestique des travailleurs qu'au vôtre, sachez-le bien. Lisez la *Gazette des Tri-
bunaux*, vous verrez des détails assez curieux sur la haute bour-
geoisie. Nous dirons à ces bourgeois qui nous donnent de bons
conseils sans les accompagner d'exemples : « Vous ressemblez
« à ces poteaux qui indiquent les chemins sans les parcourir. »
    « Citoyens, mes frères, il n'y a plus en France que deux partis :
« les monarchiens et les républicains. Les royalistes s'intitulent
« les gens d'ordre, ce qui signifie, dans leur langage : asservisse-
« ment des ouvriers par un travail incessant et peu rétribué,
« qui, selon l'expression de l'ex-ministre Guizot, doit être un
« frein; ils veulent, qu'exténués de fatigue, vous ne songiez
« qu'au sommeil à la sortie de l'atelier; que l'ouvrier ne pense et
« ne parle que par leur volonté; enfin ils veulent faire de nous
« de véritables machines productives qui ne servent qu'à grossir
« leur fortune, et lorsque ces machines sont usées, ils ne leur
« laissent pour ressources que l'hôpital, le suicide ou la prison.
« Avec les vrais républicains, vous aurez la véritable liberté et

« les améliorations depuis si longtemps désirées : abolition des
« impôts sur les denrées de première nécessité ; hôtels des inva-
« lides pour les vieux travailleurs ; plus d'exploitation de l'homme
« par l'homme ; alors vous aurez toutes les jouissances intérieures
« de la famille et du foyer paternel. C'est à vous de choisir. Voyez
« de quel côté sont vos véritables amis. » C'est à vous de décider
si vous voulez être républicains ou cosaques. »

Si les impôts qui pèsent sur le travail et sur les denrées venaient
à être abolis, il faudrait à l'Etat d'autres impôts pour les remplacer. L'impôt progressif sur le revenu net remplirait ce but
avec avantage. Nous voulons l'augmentation de la production
par la consommation, l'existence à bon marché. Voilà comment
nous proposons l'impôt progressif : L'Etat prélèverait 25 francs
sur 1,000 de rente (rien au-dessous), et 25,000 fr. sur 100,000 ;
il porterait l'impôt sur les successions à 10 francs sur 1,000 fr.,
et 10,000 francs sur 100,000. Ces deux impôts suffiraient pour
remplacer l'impôt actuel qui pèse sur le travail, tandis que
ceux qui ont des fonds de placés au trésor ne paient aucun impôt,
ce qui est injuste. Nous avons parlé d'un troisième impôt, qui
serait purement local, et aurait pour but d'alimenter la caisse
cantonnal de prévoyance pour les travailleurs valides, qui seraient renvoyés des ateliers privés faute de travaux ; impôt qui
serait supporté par ceux qui ont du superflu. J'entends les royalistes crier à l'impossible ; c'est leur habitude ; ils ne manque-
ront pas de vous dire : C'est impraticable ; comme il y a dix-huit
ans, lorsqu'ils parlaient du vote universel que le citoyen Corme-
nin proposait, ils disaient : c'est une utopie ; les paysans s'entre-
tueraient si jamais on mettait votre projet à exécution. Eh bien !
le vote universel fonctionne, et vous voyez les personnes de la
campagne aller voter sans qu'ils s'entretuent pour cela.

Les royalistes nous représentent, nous, démocrates socialistes,
aux habitants de la campagne et aux personnes de la ville qui
veulent bien les écouter, comme des hommes dangereux ; ils
disaient aux dernières élections : Voilà les républicains rouges,
désignant la liste des démocrates ; ils donnaient à penser et il le
disaient dans leurs journaux, que nous étions des terroristes ; et

les personnes qui n'ont aucune éducation politique ont pu ajouter foi momentanément à leurs paroles. Mais, patience, la lumière se fait chaque jour; ils s'aperçoivent déjà que les réactionnaires les ont abusés en nous dénigrant.

Nous tous, rouges que nous sommes, nous demandons le respect à la Constitution et au vote universel; et dans notre département, pas un démocrate n'a été élu! Voici pourquoi : c'est que tous les royalistes ont pris part au vote avec tous leurs dévoués, et ceux qu'ils ont influencés en nous calomniant ont voté pour eux; il n'est pas étonnant que les blancs aient obtenu la majorité : un tiers des électeurs n'ayant pas pris part au vote, parce qu'ils n'en comprenaient pas l'importance. A qui la faute? Au gouvernement qui a toujours négligé l'éducation du peuple; si le peuple ne connaît pas ses droits et ses devoirs, il faut s'en prendre à nos gouvernants. Le gouvernement devrait ouvrir partout des cours de morale politique pour les travailleurs. Ce qu'il faut à l'ouvrier, c'est une instruction orale; ce serait même attrayant pour lui, une heure par semaine, le samedi soir, par exemple; quel est l'ouvrier qui ne serait pas disposé à suivre ce cours? Aucun. Car l'éducation politique est essentielle pour voter avec intelligence.

« Qui cause le malaise actuel? C'est l'ignorance. Le remède, « c'est l'instruction. »

Nous pensons que si les démocrates-socialistes, les vrais républicains, avaient été en majorité à l'Assemblée législative, l'ère des révolutions était fermée à jamais. Au lieu d'écarter les questions sociales, nous aurions tenu à les examiner, à les vider; car, vous le savez, écarter n'est pas résoudre; et c'est malheureusement ce que la constituante a fait souvent.

Nous n'avons la République que de nom.

Nous voulons la République et ses conséquences; c'est-à-dire l'amélioration du sort du plus grand nombre. Les 45 centimes ont été une mesure déplorable, mieux aurait fallu demander et exiger le tout petit milliard que les émigrés nous ont pris il y a vingt-quatre ans; ce qui aurait permis à l'Etat de racheter les chemins de fer et de faire exécuter de grands travaux d'utilité

publique, beaucoup d'ouvriers auraient été occupés. Louis-Philippe a eu sa part du milliard, 5 millions environ, et le prince de Condé autant, qu'il a laissé au financier d'Aumale en mourant. Vous connaissez cette mort tragique. Ainsi, Louis-Philippe et Condé ont reçu environ 570 millions pour rehausser et donner plus d'éclat au trône, plus de dignité à la couronne; la couronne est brisée, le trône est brûlé, le roi et les princes sont chassés, et vous, gouvernants, vous laissez à une famille qui n'était qu'usufruitière, « la cent cinquantième partie du territoire français; à une
« famille dont les ancêtres n'ont jamais rendu aucun service à la
« France, soit dans la paix, soit dans la guerre; n'ont su que
« peser sur elle par une avidité basse, insatiable, dévorante, et
« souiller les pages de son histoire par l'ignominie et l'énormité
« de leurs vices. La Convention nationale sentit bien la différence
« des biens des familles nobles et de ceux des princes du sang,
« puisqu'elle vendit les premiers et conserva les seconds comme
« propriété de l'Etat.

« Des esprits faibles semblent croire que ce serait violer le
« droit de propriété que de retirer à la famille qui a cessé de ré-
« gner une énorme dot de plusieurs centaines de millions ; ils ne
« voient pas que la leur livrer c'est porter atteinte au droit de
« propriété, puisque c'est enlever à une nation ses biens im-
« meubles, la dépouiller de ses droits imprescriptibles et sacrés.

« Mais, dira-t-on, Louis-Philippe a fait des épargnes et n'a
« point cessé de grossir de ses économies l'exorbitant héritage
« qui lui avait été transmis par ses ancêtres ! Nous répondrons
« que c'est une indignité et un scandale de plus; ce souverain
« retrancha le quart de leurs appointements à ses serviteurs, ce
« qui lui a valu les surnoms de Cartouche (quart-touche) et de
« marquis de Caraba (quart-abat); en poursuivant son plan, il
« eût, au détriment des peuples, absorbé la totalité du territoire;
« tandis que son abondant superflu devait soulager l'indigence
« et non appauvrir la nation. Observera-t-on que les fils de l'ex-
« souverain, ayant servi la patrie, ont droit à d'honorables sou-
« venirs et à des récompenses!... Certes, ils ont fait un congé
« comme tant d'autres français, et ils ont passé ce temps dans

« les avantages et les honneurs d'un commandement élevé. Tant
« de braves qui furent moins favorisés ont-ils reçu des récom-
« penses particulières ? Et si cette famille, prenant elle-même les
« avances, a pourvu à son avenir et placé plusieurs millions sur
« les Etass-Unis, l'Angleterre et la Hollande, comme cela est
« fort probable, la France est affranchie de toute sollicitude
« ultérieure sur son bien-être et n'a plus à s'en occuper. »
— Citoyens, la question la plus difficile à résoudre, c'est la mau-
vaise volonté. Quand on veut faire le bien, on le peut. Vouloir,
c'est pouvoir. Tant que la classe moyenne, les ouvriers et les
commerçants n'enverront pas des leurs à la Législative, nous serons toujours malheureux, toujours oubliés, puisque chacun
prêche pour son saint. Comme nous sommes les plus nombreux,
il serait assez juste que nous soyons en nombre pour notre compte.
Nous, peuple, nous demanderions que l'Italie, la Pologne et la
Hongrie fussent affranchies. Nous devrions ne plus faire d'al-
liance avec les rois, mais avec les peuples.

> Peuples, formez une sainte alliance
> Et donnez-vous la main.
>
> BÉRANGER.

C'est notre grand poète national qui le dit : Donnons-nous la
main, mes frères ; pour être forts, il faut être unis : l'union fait
la force. Les royaliste le comprennent bien. C'est pourquoi ils
font tout pour nous diviser. Unis, nous serons invincibles. Ne
vous laissez plus influencer par de grands noms ou de belles pro-
messes. Il y a longtemps que l'on nous joue avec des mots, tel
que les *partageux*; mais personne ne veut du partage des terres.
Nous n'avons jamais entendu aucun citoyen en parler sérieuse-
ment. Il faudrait être insensé pour proposer une telle mesure.
« L'égalité des fortunes n'exista qu'à Sparte, et les Spartiates fai-
« saient cultiver leurs terres par des peuples réduits en escla-
« vage, appelés Ilotes. » Voilà comment ils pratiquaient l'égalité
à l'égard des étrangers qu'ils auraient dû traiter en frères. Ils
contractèrent des habitudes sanguinaires, féroces ; ils égorgeaient
par milliers leurs malheureux Ilotes, quand ils leur paraissaient

trop nombreux ; ils précipitaient dans un abîme, leurs nouveau-nés d'une faible constitution ; ces hommes sans entrailles faisaient frapper quelquefois, jusqu'à les faire expirer sous les coups, leurs enfants sur l'autel de Diane, pour les accoutumer à la patience.

L'égalité absolue des fortunes serait impossible à établir, plus impossible à perpétuer ; réalisée aujourd'hui, déjà elle n'existerait plus demain.

« L'égalité de la fortune est aussi impossible que l'égalité de la « stature, que celle des forces corporelles, des qualités morales ; « que l'égalité des facultés naturelles de l'esprit. » Ainsi, vouloir l'égalité absolue, ce serait une folie. Mais pour nous, pauvres, où est l'égalité ? En fait et en droit, nous ne l'avons pas ; ainsi nous n'avons pas la liberté de répondre aux attaques incessantes des royalistes, puisque pour publier nos idées et réfuter les calomnies de nos adversaires par la voie d'un journal, il faut déposer un cautionnement avant qu'il puisse paraître ; ainsi, notre grand philosophe Lamennais, s'est trouvé dans l'impossibilité de publier son journal (le *Peuple constituant*), par suite du vote de la Constituante, qui fixe à vingt-quatre mille francs pour Paris, le cautionnement des journaux quotidiens. Si Jean-Jacques Rousseau, Pierre Corneille, etc., existaient, ils ne pourraient pas fonder un journal, et nous avons au frontispice de nos monuments : *Liberté, Egalité, Fraternité* ; et parce que nous voudrions ce que renferment ces trois mots, les royalistes nous qualifient de l'épithète de *rouges*. Le citoyen Chavoix, représentant du peuple, disait à la tribune nationale, le 31 mai dernier, s'adressant aux réactionnaires : Nous la demandons l'enquête, nous, que vous avez fait rouges, et nous sommes rouges, surtout, parce que la politique suivie depuis quelque temps, nous a fait rougir de honte (Approbation). On vous effraie par des mots. Les royalistes ne savent quoi inventer pour nous désunir ; ils nous donnent leurs noms et nous prennent les nôtres ; ils s'intitulent honnêtes et modérés, et se partagent les priviléges, les gros traitements, les monopoles, et les hautes fonctions. Voilà ce qu'ils ont toujours eu et ce qu'ils veulent encore. Nous, nous ne voulons rien de tout cela ; nous voulons la justice gratuite pour tous, l'instruction obligatoire pour tous, jusqu'à l'âge où elle doit être professionnelle ; nos gouvernants doivent rendre chacun apte à remplir les fonctions publiques ; il faut que le pauvre aussi bien que le riche, puisse y arriver par le concours, au moyen d'un libre examen ; il faut améliorer le sort des instituteurs et de tous les petits fonctionnaires qui travaillent beaucoup et ne gagnent presque rien, et diminuer le traitement de nos hauts fonctionnaires qui travaillent peu ; plus de parasites, plus de *cumularts* : nous n'en voulons plus, A chacun suivant son œuvre. Voilà ce que nous voulons :

L'instruction gratuite et obligatoire, l'enseignement professionnel.

La liberté de la presse, l'abolition du cautionnement.

L'amélioration du sort des instituteurs.

La restitution du milliard des émigrés.

L'émancipation du bas clergé.

L'organisation démocratique de l'armée.

L'impôt proportionnel et progressif sur le revenu net.

L'organisation démocratique du crédit.

Le respect du droit sacré de réunion et d'association.

Le développement des associations ouvrières.

La création d'institutions de prévoyance et de retraite pour les travailleurs.

L'amnistie.

« La foi républicaine est une religion. Le dévouement antique
« a-t-il rien de plus beau que l'héroïsme des marins du *Vengeur*,
« s'engouffrant dans les flots au cri de *Vive la République !* A en-
« tendre certains royalistes, il n'y a qu'eux de bons républicains.
« Eh bien ! républicain et socialiste, sont synonymes ; le républi-
« cain qui n'est pas socialiste, n'est démocrate que de la ma-
« nière dont l'imposteur et hypocrite Tartufe était dévôt.

« Vive la République démocratique et sociale ! »

Ch. Duriez, imp. à Senlis.

www.ingramcontent.com/pod-product-compliance
Lightning Source LLC
Chambersburg PA
CBHW061230050726
47594CB00009B/3866